GUTENBERG

ET

L'IMPRIMERIE TYPOGRAPHIQUE

Par JACQUES ALARY

TYPOGRAPHE

« Et la lumière fut. »
LA GENÈSE.

PARIS
IMPRIMERIE ADMINISTRATIVE
G. JOUSSET
8, RUE DE FURSTENBERG, 8

1876

GUTENBERG

ET

L'IMPRIMERIE TYPOGRAPHIQUE

GUTENBERG

ET

L'IMPRIMERIE TYPOGRAPHIQUE

Par JACQUES ALARY

TYPOGRAPHE

« Et la lumière fut. »
LA GENÈSE.

PARIS
IMPRIMERIE ADMINISTRATIVE
G. JOUSSET
8, RUE DE FURSTENBERG, 8

1876

A LA MÉMOIRE

DE

M. ÉTIENNE-GABRIEL JOUSSET

IMPRIMEUR

de 1828 à 1868

INTRODUCTION.

Il est peu d'hommes que l'on puisse mettre au rang de Gutenberg, et qui méritent plus que lui d'être signalés à l'admiration et à la reconnaissance du genre humain. La vie de ce précurseur des temps modernes fut consacrée tout entière à la découverte de l'imprimerie, expression vivante et durable de l'émancipation de l'esprit humain, qui doit achever la révolution que l'Évangile a commencée : l'Évangile a apporté la charité qui fait des hommes ; l'imprimerie qui changera les conditions et la forme des sociétés modernes, leur a apporté la solidarité, cette charité sociale, qui fait des citoyens, en réalisant par la science ce que la charité chrétienne avait commencé à produire par la foi.

Dix siècles d'ignorance s'étaient écoulés depuis l'écroulement de l'empire romain sous les coups des barbares, et le flambeau de la Renaissance allait dissiper la nuit épaisse qui avait envahi l'Europe féodale ; de nouvelles croyances devaient prendre de profondes racines, des principes plus civilisateurs que ne l'avaient été les aspirations sociales des anciens commençaient à se faire jour : l'écriture ne pouvait plus suffire au mouvement des idées et aux découvertes qui allaient déplacer les limites de toutes les sciences, ni à l'influence que les nations devaient exercer les unes sur les autres.

C'est alors que Gutenberg dota l'humanité d'un instrument plus puissant que l'écriture, pour conserver et transmettre les richesses intellectuelles destinées à devenir la propriété de tous. Cet homme, en quelque sorte légendaire, se livrant avec opiniâtreté à un travail sans éclat, allait exercer une influence immense sur la civilisation, en rouvrant à l'humanité les portes du passé, et en agrandissant devant ses yeux l'immense horizon de l'avenir.

GUTENBERG

ET

L'IMPRIMERIE TYPOGRAPHIQUE

I.

Hans ou Jean Gensfleich de Sulgeloch, connu sous le nom de Gutenberg, qui lui vient de sa mère Élise de Gutenberg, naquit à Mayence, ville libre de l'Allemagne, en 1400 suivant la version la plus commune. A la suite de quelques troubles survenus en 1420, et dans lesquels le parti populaire fut vainqueur, il fut forcé de quitter le territoire de sa ville natale avec tous les chevaliers de sa famille et la plupart des patriciens, pour une vaine querelle de préséance entre les deux bourgmestres, à l'occasion de l'entrée solennelle de l'empereur Robert dans Mayence, accompagné de l'électeur-archevêque Conrad III. Il alla s'établir à Strasbourg, autre ville libre. La famille de Gensfleich était une famille noble. J'aurais bien voulu trouver le contraire, et faire de Gutenberg un enfant du peuple ; mais pour inventer l'imprimerie il fallait savoir lire, et dans ce temps, hélas ! le peuple était voué à l'ignorance.

« Il est probable que si sa patrie n'eût pas été « libre, ce jeune gentilhomme n'aurait pu conce- « voir ou y exécuter son invention. Le despotisme « comme la superstition imposent le silence, ils « auraient étouffé l'écho universel et irrésistible « que ce génie de l'homme méditait de créer à la « parole. L'imprimerie et la liberté devaient naître « du même sol et du même air. »

La ville de Francfort fut la médiatrice entre les nobles et les bourgeois de Mayence, et obtint leur retour à des conditions d'égalité des deux partis dans la magistrature du gouvernement. Tout porte à croire que Gutenberg ne voulut pas profiter de ce rappel, car il continua à résider hors de son pays.

Doué d'une intelligence active, l'esprit sans cesse occupé de projets industriels, il brava le préjugé qui faisait considérer la science et le travail comme œuvres serviles. Il mit à profit son exil volontaire, en parcourant les villes libres de l'Allemagne et des Pays-Bas, avec la curiosité attentive d'un philosophe ; il y visita les hommes célèbres par leur art ou leur métier ; c'était une époque où l'ouvrier, dédaignant les théories, gardait toute sa foi pour les recettes transmises d'âge en âge dans les ateliers. Les métiers et les arts encore dans l'enfance se confondaient, et leurs premiers chefs-d'œuvre passaient pour des prodiges.

Puisant partout des connaissances à la fois étendues et profondes, il fut surtout frappé de la rareté des manuscrits et de la dépense excessive qu'on faisait pour leur transcription, ce qui, vu surtout la misère des temps, rendait la lecture et par conséquent l'instruction presque inaccessibles au plus grand nombre.

Les moines, au fond de leurs cloîtres, n'ayant pas à s'occuper de la vie matérielle, rendaient d'immenses services aux sciences et aux lettres en reproduisant par des copies manuscrites, quelquefois très-imparfaites, les trésors de l'antiquité, qui purent ainsi arriver jusqu'à nous, en traversant la nuit épaisse du moyen âge.

Les règles des plus anciennes congrégations

recommandaient aux moines qui savaient écrire et qui voulaient plaire à Dieu de recopier des manuscrits, et à ceux qui étaient illettrés d'apprendre à les relier. « Le travail du copiste, disait le docte « Alcuin à ses contemporains, est une œuvre méri- « toire, qui profite à l'âme, tandis que le travail « des champs ne profite qu'au ventre. »

Ces transcriptions étaient trop lentes et surtout trop peu nombreuses; la science faute d'expression, la pensée faute d'intermédiaires pour sa propagande, restaient toujours stationnaires et inertes.

Quelques privilégiés pouvaient seuls se procurer des livres à des prix exorbitants, quelques rares élus pouvaient à peine user du droit sacré qui appartient aujourd'hui à tous, de s'abreuver à la source inépuisable des connaissances humaines, de s'échauffer au foyer vivifiant des lumières et de la science.

Le plus souvent, les hommes d'étude étaient réduits à aller consulter les livres dans les cloîtres des monastères et des cathédrales, où ils étaient en petit nombre et enchaînés. Leur rareté était si grande avant l'invention de l'imprimerie, qu'un manuscrit représentait souvent un trésor ; une bible constituait un riche héritage : on vit même une princesse léguer à un roi un simple bréviaire. Au commencement du quinzième siècle, en France, les clercs avaient la plus grande difficulté à se procurer ceux qui leur étaient les plus indispensables. Ce fut en leur faveur que Henri de Béda légua, en 1400, son bréviaire écrit sur le vélin à l'église de Saint-Jacques-la-Boucherie, pour y être enfermé dans une cage de fer, contre le pilier le plus éclairé et le plus visible de la nef. Cette cage était destinée à empêcher que le bréviaire ne fût volé; on pouvait seulement passer le bras à travers le treillis pour tourner les feuillets.

Le mode de reproduction par la main de l'écrivain ne suffisant plus pour satisfaire les besoins chaque jour plus impérieux de l'intelligence, pour les usages de la civilisation grandissante et de plus en plus avide d'idées et de lumière, il fallait y suppléer par un moyen simple, rapide et peu coûteux. Gutenberg eut le pressentiment que si un progrès de main-d'œuvre pouvait multiplier instantanément et à l'infini le livre, ce moyen de propagation intellectuelle serait le plus grand service rendu aux hommes, à la liberté et à la pensée qu'elle vulgariserait.

Pénétrée de cette idée, l'intelligence de cet homme fut, à partir de ce moment, vouée tout entière aux combinaisons et aux recherches qu'exigeait sa mise en pratique ; mais l'idée mère, le principe ne se faisait pas jour. Ce qui est étrange, mais pourtant bien d'accord avec les habitudes toujours si anormales et si hasardeuses de l'invention humaine, c'est que là où avaient échoué constamment les aspirations de l'intelligence, travaillant et cherchant pour elle-même, il ne fallut à Gutenberg qu'un heureux hasard pour lui faire découvrir « le grand procédé qui s'est appelé l'*Imprimerie,* » qui germait confusément dans son cerveau, et qui allait, au prix de bien des efforts et d'immenses douleurs, ouvrir un nouveau monde à la pensée.

Se trouvant un jour à Haarlem, petite ville de Hollande, un sacristain nommé Laurent Coster (1) lui fit voir une grammaire latine qu'il avait faite, pour l'instruction de ses petits-enfants, par un procédé tout nouveau, et lui raconta comment l'idée lui en était venue :

En se promenant dans le bois voisin de la ville, il avait eu la fantaisie de façonner des morceaux de bois de hêtre en forme de lettres ; les

(1) Ou Koster (comme on écrirait aujourd'hui), nom qui, dans le hollandais, équivaut au mot français de sacristain.

ayant ensuite enveloppés dans de petites feuilles de parchemin, il les avait rapportés à la ville. En les dépliant le lendemain, il avait été tout étonné de voir ses lettres parfaitement reproduites en bistre sur le parchemin par le relief du bois, dont la séve avait sué pendant la nuit et reproduit leur image à l'envers sur la feuille.

Puis il avait écrit à la plume sur une planche qu'il avait creusée délicatement avec son couteau, en respectant les traits de l'écriture, qui à la fin de cette opération ressortaient en relief sur la planche, et ensuite remplacé la séve par une composition gluante dont la teinte imitait celle de l'écriture; en appliquant sur la lettre ainsi imprégnée une feuille de parchemin moite, afin qu'elle s'attachât plus facilement au relief, il avait obtenu par un frottage réitéré, avec un morceau d'étoffe, l'empreinte du relief sur le parchemin, et il pouvait, par ce moyen, obtenir un nombre infini d'exemplaires.

Il faut remarquer que cette invention tout accidentelle de Coster n'était rien encore à ce moment, comparée aux difficultés qu'il y avait à vaincre pour obtenir un résultat sérieux. Le procédé du pauvre sacristain aurait couvert la surface de la terre de planches taillées en creux ou en relief, il ne serait jamais arrivé au résultat obtenu aujourd'hui avec une seule casse de caractère mobile.

Les Hollandais, saisis d'un enthousiasme qui n'est fondé sur aucune preuve positive, ont élevé les prétentions les plus orgueilleuses et les moins justifiées pour revendiquer, en faveur de leur compatriote, la découverte de l'imprimerie. Ils prétendent que Coster est le véritable inventeur de la gravure, de la fonte des caractères et même de la presse ; ils font engager Gutenberg comme domestique, lui noble, patricien, « de dignité équestre, » pour lui voler le secret de l'art typographique ; selon eux, il aurait profité du moment où son maître se trouvait à la messe de minuit pour s'enfuir, en emportant les ustensiles nécessaires à l'imprimerie.

Il est inadmissible que Coster, à l'âge de soixante à soixante-dix ans, ait tout à coup sculpté des lettres à rebours, sur des écorces de hêtre, gravé des ouvrages xylographiques, détaché les types des planches pour les rendre mobiles, changé ses types de hêtre en métal, justifié ses lettres de manière à pouvoir imprimer des deux côtés du feuillet avec une encre de son invention, un papier nouveau, une presse nouvelle ; en un mot, imaginer tous les instruments et les détails d'un art que Gutenberg, aidé de plusieurs associés, n'a pu atteindre qu'après quinze ans de travail, de tâtonnements et de frais énormes.

La pensée de Coster était déjà venue à l'esprit de beaucoup de personnes. Les cachets offraient des exemples très-anciens de ce genre d'impression, et surtout les sceaux du moyen âge qui, trempés dans l'encre, comme celui de Guillaume le Bâtard, scellaient et signaient une charte sur laquelle on les appliquait.

La Chine, notre ancêtre en inventions, connut l'impression sur planches gravées dix siècles avant nous; ce n'était pas autre chose qu'une gravure grossière, aussi éloignée des premiers procédés de l'imprimerie que ceux-ci le sont à présent des ouvrages qui s'impriment chaque jour; et Pi-Ching, le forgeron, tenta vainement de former avec une terre fine et glutineuse, et de solidifier par une double cuisson, des caractères mobiles qu'il joignait et maintenait unis ensemble à l'aide de cadres en fer; cette invention, sœur de celle de Gutenberg, avorta : expression sublime de la pensée, elle ne méritait pas de germer chez un peuple esclave.

L'imprimerie, qui avait dû être appelée de tous les vœux de l'antiquité, n'était certes pas impossible alors, les moyens matériels ne lui faisaient pas défaut, mais le véritable obstacle consistait plutôt dans l'asservissement de la force industrielle, remise aux mains des esclaves, toujours en travail pour les besoins sensuels, pour les raffinements de la matière, jamais pour ceux de l'esprit. Cette force qui n'est une puissance que lorsque la pensée s'y associe, s'émancipa enfin ; lorsque le moyen âge disparût, l'ouvrier n'étant plus esclave, la main devint intelligente et pût travailler pour l'idée : à ce moment l'art divin pouvait éclore. Si cet art eût été connu des anciens, il est probable que l'intelligence des races latines aurait secoué plus tôt la torpeur qui suivit l'invasion des barbares. Aussi les érudits ont-ils fouillé vainement toute l'antiquité, l'Égypte, la Grèce, Rome, même la mythologie, pour voir si dans quelque recoin mystérieux ils ne trouveraient pas des traces de l'invention de l'imprimerie.

II.

Tout grossier qu'il fût, l'essai de Coster dut avoir une portée immense sur l'esprit profondément observateur de Gutenberg. L'impression, une fois découverte et appliquée à la gravure en relief, devait donner naissance à l'imprimerie mobile, par une progression naturelle et rapide de tentatives et d'efforts.

A la vue des planches en relief, une révolution s'opéra dans son cerveau : le rêve du grand procédé était devenu réalité pour lui. Il revint vite à Strasbourg commencer ses premiers essais de typographie ; il ne s'agissait plus que d'exécuter matériellement le plan que son esprit tenace venait de concevoir, et qui consistait simplement à détacher successivement les lettres des planches, telles que les avait conçues Coster, de façon à les rendre mobiles.

Un texte de Cicéron, qui réfute la doctrine d'Épicure sur la création du monde par les atomes, aurait, dit-on, frappé l'esprit de Gutenberg, qui a su débrouiller ce qu'il cachait ; ce passage dit : « Pourquoi ne pas croire aussi qu'en jetant pêle-

« mêle à terre d'innombrables formes de l'al« phabet, on puisse imprimer avec ces lettres les « Annales d'Ennius ; » où Cicéron mettait l'impossible et le chaos, notre inventeur a vu le possible et la lumière, pour faire jaillir toutes les œuvres de l'esprit humain. L'hypothèse de cet indice révélateur de l'imprimerie, n'était admissible qu'autant qu'on aurait déjà possédé l'impression.

Après bien des tentatives infructueuses, il parvint à fabriquer une grossière ébauche d'alphabet mobile avec de petits morceaux de bois de forme cubique, dont une face portait une lettre gravée en relief; ces pièces étaient percées latéralement d'un petit trou, qui permettait de les enfiler et de les rapprocher les unes à côté des autres comme les grains d'un chapelet. Cette idée de la mobilité des caractères, qui germait dans le cerveau de Gutenberg, fut conçue et réalisée entre les années 1430 et 1440.

C'était bien peu de chose et beaucoup, c'était la réalisation d'une idée qui devait se perfectionner et se développer d'une manière prodigieuse, mais dont il ne devait pas recueillir les fruits : le premier pas était fait, pas immense, qui constituait à lui seul une véritable invention.

Comment parvenir à imprimer facilement sur l'étendue d'une feuille de papier une réunion de lettres dont la ténuité rendait l'empreinte difficile, et dont le nombre infini exigeait, pour être lisible, l'action d'une force parfaitement égale?

Un pressoir à vin attira ses regards : le mouvement de la vis qui répond à un poids immense frappa son imagination, et victorieux dans sa pensée des obstacles qui l'arrêtaient, il conçut, après bien des méditations et des veilles, une miniature de presse, et alla chez un de ses voisins, mécanicien et menuisier, pour la faire exécuter.

Le menuisier, nommé Sahspach, ayant tourné et retourné le modèle en bois dans ses mains, avec ce sourire particulier aux artisans habiles et connaisseurs en ébauches, dit à Gutenberg :

— Mais c'est simplement un pressoir à vin que vous voulez avoir, mon cher messire Hans?

— Oui, répondit celui-ci, c'est un pressoir d'où doit sortir à flots intarissables une liqueur merveilleuse qui doit régénérer l'homme, et lui donner la force de briser les chaînes qui le tiennent dans l'asservissement et l'oppression, pour substituer le règne de l'intelligence à la domination brutale de la force.

Le tourneur, ne comprenant pas les paroles prophétiques de son voisin, exécuta le modèle, simple comme toutes les grandes choses, puis l'ayant porté à Gutenberg, lui dit :

— Je crois que vous entretenez des intelligences avec les esprits, mais malgré cela je vous obéirai aveuglément dans tout ce que vous m'ordonnerez.

Aussitôt en possession de sa presse à bras, dont nous voyons l'ancienne forme dans presque toutes les éditions du quinzième siècle, Gutenberg composa une encre plus épaisse et plus tenace que l'encre ordinaire, et il se mit à travailler sans relâche à la reproduction des livres saints, qui formaient à cette époque les premiers besoins intellectuels de la pieuse et mystique Allemagne ; on ignore quels furent exactement ses premiers procédés et ses premières productions.

Sentant que sa courte existence et ses modiques ressources s'useraient en vain au perfectionnement d'une œuvre aussi gigantesque que celle qu'il entrevoyait, il forma une association avec quelques bourgeois et artisans de Strasbourg pour l'exploitation de divers arts et secrets tenant du merveilleux, qui devaient assurer leur fortune, tels que la taille et le montage des pierres précieuses, la fabrication de petits miroirs enchâssés dans des cadres de cuivre, qui étaient d'un débit facile à la foire d'Aix-la-Chapelle. De l'aveu même de Dryzehn, l'un des associés, la vente de ces divers objets aurait produit d'assez beaux bénéfices pour les satisfaire tous, et ils aidèrent en même temps Gutenberg dans les dépenses secrètes nécessaires à l'accomplissement et au perfectionnement de son invention.

Afin de ne pas éveiller les soupçons de ses associés sur l'objet réel de son entreprise, il vivait retiré, hors de la ville, dans les ruines d'un monastère nommé Saint-Arbogaste.

Laissant de côté ses autres secrets, il s'occupait activement de celui qu'il avait découvert pour l'impression des livres; et c'est là que ses associés pour le polissage des pierres précieuses le surprirent un jour au milieu de ses nouveaux travaux. Ils virent que leur associé leur avait caché plusieurs secrets qu'il ne s'était pas engagé, il est vrai, à leur communiquer. Alléchés par l'appât du gain, ils offrirent à Gutenberg tout ce qu'ils possédaient pour être encore de moitié dans ces nouveaux secrets, qu'ils entourèrent dès qu'il y eut consenti, d'un mystère impénétrable.

Quelques auteurs s'accordent à dire qu'ils auraient imprimé à Strasbourg au moyen du nouveau procédé, et non à l'aide des planches xylographiques, plusieurs petits livres qui s'appellent, l'un *Speculum humanæ salvationis,* l'autre, *Speculum salutis,* c'est-à-dire, Miroir du salut de l'homme, Miroir du salut. D'après le bibliophile Jacob, qui a le premier trouvé la clé de cette énigme, les miroirs destinés aux pèlerins d'Aix-la-Chapelle, dont il est parlé précédemment, ne sont certainement pas autre chose que les exemplaires du *Speculum.* Tant d'obscurités enveloppent cette époque de l'histoire de l'imprimerie, qu'on ne saurait dire au juste quels ont été les ouvrages composés dans leur atelier.

Les associés, en se jetant dans cette nouvelle entreprise qui allait exercer une influence profonde sur la civilisation, n'avaient nullement entrevu la portée sociale de l'œuvre à laquelle ils collaboraient ; ce qu'ils voyaient était simplement une contrefaçon, ils voulaient que de la presse de Gutenberg sortissent des livres qui rappelassent par la forme des caractères, la régularité des lignes, la noirceur de l'encre, la correction du texte, les plus belles copies connues jusqu'alors ; enfin, qu'ils fussent des *fac-simile* parfaits des plus beaux manuscrits et que l'acheteur pût les prendre pour tels et les payer « d'une somme élevée. »

Cela se passait au moment où fermentait la plus ardente exaltation dont eût été possédée l'intelligence humaine depuis bien des siècles ; époque avide et curieuse, où les souverains cherchaient des livres, où le pauvre éprouvait le besoin de déchiffrer une inscription, où l'on retenait un copiste six mois à l'avance.

Mis à bout de ressources par ses infructueuses recherches, ce fut la nécessité de se procurer des fonds pour son industrie qui força Gutenberg à se donner des associés ; ce fut aussi la nécessité de prendre des auxiliaires pour les travaux multiples d'une imprimerie qui l'obligea de mettre ces associés et un plus grand nombre d'artisans dans la confidence de son œuvre et le secret de ses procédés.

Ils lui imposèrent, dit-on, entre autres conditions : Que l'association absorberait l'inventeur et que son nom disparaîtrait. Gutenberg, en acceptant, comprit que pour le succès de son œuvre il fallait faire abnégation de sa gloire ; à partir de ce moment il ne fut plus qu'un ouvrier dans son atelier.

Peut-être encore n'a-t-il jamais mis son nom

sur ses livres, soit par modestie, soit à cause de sa noblesse et pour ne pas déroger publiquement. Toujours est-il que cette absence de signature contribua beaucoup à obscurcir les choses, qui, vues de loin, auraient besoin d'un jour plus vif, et qui ont pu longtemps faire mettre en doute la part considérable que Gutenberg a prise dans l'invention de l'imprimerie.

Bien des mécomptes vinrent l'éprouver au lendemain de son triomphe. A la mort de l'un des associés, Dryzehn, dans la maison duquel était l'atelier social, à côté de la cathédrale où se trouve à présent le collége; la chaire du professeur recouvre à présent la sainte poussière qui fut l'atelier de Gutenberg; les frères du défunt réclamèrent une somme de 100 florins qu'ils disaient réservés par l'acte social à la succession de celui des associés qui viendrait à mourir, mais dont ils le déclaraient quitte, s'il consentait à les admettre tous deux dans la société, au lieu et place de Dryzehn. Gutenberg refusa d'accéder à cette injuste réclamation; il fut donc cité devant les juges de Strasbourg, et son embarras devant eux fut extrême. Pour se justifier, il fallait entrer dans des détails techniques sur cet art mystérieux, dont le secret lui appartenait et qu'il ne voulait pas encore révéler : il éluda les questions qui lui furent faites, préférant une condamnation à la divulgation de son art.

L'ensemble des dépositions des témoins porte à croire que Gutenberg, qui taillait des caractères mobiles qu'il disposait en pages de deux colonnes, avait expressément recommandé de rompre les quatre formes ou pages retenues par deux vis, d'en disperser les caractères et de les cacher sous le pressoir, de peur qu'ôn ne vît le secret de son mécanisme et qu'enfin, une fois ces formes désassemblées, on ne pût savoir à quoi ou du moins à quel ouvrage elles avaient servi. Tous les auteurs contemporains ont corroboré et conservé cette opinion.

Les juges, voulant sans doute éventer cette découverte qui préoccupait tous les esprits sérieux, firent comparaître les ouvriers initiés à ses travaux et à ses procédés; ceux-ci refusèrent de faire des révélations. L'issue du procès fut une condamnation qui ruinait Gutenberg et lui faisait perdre le fruit de vingt années de travail par l'abandon forcé d'un matériel qui devait être considérable et d'ustensiles déjà fabriqués ou en cours d'exécution.

Accablé de dégoûts, il quitta définitivement Strasbourg, ruiné, condamné, surtout découragé et n'ayant plus foi en son génie ; laissant malgré lui les traditions de son art dans les mains des collaborateurs qu'il s'était donnés pour sa gigantesque entreprise. L'un d'eux, nommé Mentel ou Metelin, qui était primitivement écrivain, enlumineur de lettres, avait été admis en cette qualité parmi les notaires de l'évêque de Strasbourg, et en 1447, dans la communauté des peintres de cette ville, il est le premier qui ait exercé publiquement l'art typographique à Strasbourg. Les armoiries qui lui ont été octroyées, ainsi qu'à sa famille, en 1466, par un diplôme de l'empereur Frédéric III, en sont une preuve ; quelques auteurs ont essayé vainement de revendiquer pour lui la découverte de l'imprimerie, mais toutes leurs assertions ne purent empêcher la postérité de reconnaître Gutenberg comme le père et l'inventeur de l'imprimerie.

III.

Gutenberg revint donc de son long exil, obscur, ignoré, le désespoir dans l'âme. Il s'établit alors à Mayence, sa ville natale, en 1444, ayant fort heureusement pour le soutenir dans l'adversité et le consoler dans son infortune l'amour de sa femme, Anne de la Porte-de-Fer, qu'il aimait aussi depuis sa jeunesse d'une passion ardente et chevaleresque, quoiqu'il eût, par un noble scrupule, refusé de l'épouser quelques années auparavant et de réaliser une promesse de mariage écrite qu'il lui avait faite, afin de ne pas l'entraîner dans l'indigence où il était tombé ; mais Annette ne s'était pas crue dégagée de sa foi par les malheurs de son amant et l'avait cité devant le tribunal épiscopal, exigeant impérieusement de lui l'exécution de sa promesse. Il céda à cette généreuse violence de l'amour, et le mariage vint sanctionner cet attachement réciproque. Leurs enfants ne vécurent pas; l'humanité régénérée, voilà la famille immortelle qu'il a, par son génie, laissée derrière lui pour transmettre son nom aux générations futures.

Nous allons maintenant pouvoir juger la vraie valeur de cette trinité si longtemps symbolique de l'invention de l'imprimerie, Gutenberg, Faust et Scheffer.

S'il n'avait point eu à se louer extrêmement des procédés de quelques-uns de ses ouvriers de Strasbourg, des chagrins autrement cuisants l'attendaient à Mayence. Tourmenté sans cesse du projet dont il avait fait des essais à Strasbourg, miné par le chagrin d'avoir exposé presque toute sa fortune dans l'invention de l'imprimerie, dérangé par les frais du procès qui en fut la suite, il invente de nouveaux outils, il commence dix ouvrages et n'en peut terminer aucun. Enfin, n'ayant plus de ressources, étant sur le point de renoncer à son art, mais toujours plein de foi en sa mission et fort de vingt-cinq ans d'études, il alla trouver un homme avide d'inventions et de spéculations merveilleuses et surtout fort riche : c'était un orfévre de Mayence, nommé Faust. En lui donnant connaissance des résultats obtenus jusqu'alors, il sollicita de l'orfèvre sa coopération financière ; celui-ci, frappé du mérite évident de l'invention mystérieuse qui devait assurer un avenir brillant et de magnifiques bénéfices à ses possesseurs, saisit avec empressement cette occasion de s'y associer. Il fit les avances nécessaires et s'arrangea de manière à ne rien perdre quoi qu'il arrivât et à gagner beaucoup si l'on réussissait.

Les conditions suivantes furent consenties, pardevant le notaire Helmasperger. Faust prêtait à Gutenberg 800 florins d'or, à six pour cent d'intérêts, pour préparer et fabriquer ses ustensiles d'imprimerie, lesquels devaient rester engagés entre les mains du prêteur; plus, 300 autres florins d'or, pour les frais d'établissement, gages des domestiques, loyer, chauffage, parchemin, papier, encre, etc. Gutenberg mettait son industrie en regard des florins de Faust, qui s'attribuait la moitié des profits. A la rupture de la société, les outils devaient rester à Gutenberg, moyennant le remboursement des 800 florins dont ils étaient le gage.

Le pauvre inventeur ne regarda pas si l'on abusait de son malheur; depuis longtemps déçu dans ses espérances, il lui suffisait qu'on lui donnât le moyen de réaliser ses projets.

Il y a loin, comme on voit, de ce mérite du capitaliste Faust à celui de l'inventeur de l'imprimerie. L'exploitation du génie par les écus ne date pas d'hier, pauvres grands hommes! Elle est sans doute contemporaine du premier écu.

Des chroniqueurs, confondant tous ces faits, ont dit que Faust était le savant et Gutenberg l'usurier; parce que Gutenberg signait *Gensfleich zum Jungen* ou *der Junge,* Aventinus s'est imaginé, *Jung* en allemand voulant dire garçon, que Gutenberg était le garçon de Faust, comme il avait été, au dire de Seiz, le valet de Laurent Coster, et que Faust l'avait chassé, après avoir été volé par lui.

De là cette fameuse légende de l'aventurier Gutenberg qui, mourant de faim, se donne au diable. Le diable le mène chez Laurent Coster, à Harlem, chez Metelin, à Strasbourg, chez Faust, à Mayence, et lui fait emporter tout ce que ces gens ont de bon, après avoir mis leurs formes en pâte, brisé leurs presses, noyé leurs moules, etc.

Quoique soutenus par un capital assez important, les travaux de la nouvelle association sont d'abord languissants. Gutenberg ne semble plus possédé de l'ardeur qui l'animait à Strasbourg et qui l'avait poussé si près du but de ses longs efforts ; il paraît qu'il renonça pendant quelque temps à son procédé chéri de l'impression par types mobiles, et recommença à opérer à l'aide des moyens rétrogrades de la xylographie, c'est-à-dire en caractères gravés régulièrement sur des tablettes de bois ; il imprima avec ce procédé un Vocabulaire, appelé *Catholicon*. Mais ne s'en tenant pas à cette besogne si indigne de son génie et qui lui était imposée par l'avidité pressante de Faust, il continuait ardemment et toujours en secret ses recherches pour perfectionner ses types mobiles en bois, et leur donner une parfaite égalité de corps et de hauteur, capable de les maintenir sous les puissants efforts de la presse : c'était en effet la difficulté à vaincre.

Il leur substitua des lettres sculptées en métal, le burin perfectionna l'œil de ses lettres et la lime leur donna le degré de hauteur qu'elles devaient avoir. Mais, malgré de grands efforts pour les remplacer par des caractères fondus, il ne put jamais trouver ni le procédé, ni le métal propre à la fonte de ses types.

C'est à un de ses élèves, Pierre Scheffer, fort habile ouvrier, venant de Paris, où il avait suivi les cours de l'Université et exercé le métier de calligraphe, alors attaché à l'imprimerie de Gutenberg, soit pour tracer sur le bois ou le métal les caractères à graver, soit pour écrire en encre rouge, peindre au pinceau ou enluminer au frotton les initiales, les majuscules ou les têtes de chapitres, et qui suivait avec zèle les opérations de son maître, qu'était réservée la découverte de la fonte des caractères, complément de l'art typographique : « Il avait taillé des pièces d'acier pur et les avait « gravées ; avec des poinçons il frappait des ma- « trices d'un métal plus malléable ; il avait su « placer ces matrices justifiées dans le centre d'un

« moule, et obtenir des empreintes en relief, au « moyen du plomb, de l'étain et du cuivre, qu'il « avait mis en fusion dans son creuset. »

Mais que d'essais multipliés ne lui fallut-il pas, pour trouver la matière métallique propre à la matrice et au jet, pour connaître, comme nos fondeurs de caractère, qu'un métal d'alliage est plus dur que le métal pur, qui trop mou ne pouvait résister à l'effort de la presse ! De plus, il fit de nouveaux instruments qui élevèrent l'art typographique à un plus haut degré de perfection en le portant au point où il est aujourd'hui.

Faust en fut tellement enchanté, que dans le transport de sa joie il intéressa Scheffer dans l'entreprise, et lui donna en mariage sa fille unique Christine.

La découverte inespérée de l'heureux Scheffer mettait à néant toutes les précédentes tentatives du vieux chercheur, et lui ôtait même tout droit à l'exploitation d'un procédé que ses mille essais avaient préparé, qu'il avait cent fois touché du doigt, mais qu'une main plus jeune et plus prompte que la sienne avait enfin su saisir. Nous trouvons dans l'histoire des sciences et des arts quelques inventions non moins étonnantes que celles de l'imprimerie, mais aucune n'offre l'exemple d'un accomplissement aussi rapide et en même temps aussi complet.

Faust, qui depuis longtemps avait jeté les yeux sur Scheffer pour remplacer Gutenberg dans la direction de l'atelier typographique créé par ce dernier, craignant que les profits de son association ne fussent pas assez lucratifs, partagés qu'ils étaient entre eux deux, fit sentir au vieil artisan qu'il était devenu inutile et gênant dans l'association, victorieuse sans sa participation.

Ainsi c'est au moment où Gutenberg commençait à jouir du bien-être et du repos qu'il avait si péniblement et si justement mérités, qu'une rupture eut lieu entre lui et ses associés, par suite d'un procès en revendication de 2020 florins d'or que Faust prétendait avoir mis dans l'association, et des intérêts que cette somme avait dû produire depuis cinq ans.

Voici l'acte original qui concerne cette triste affaire et les conditions stipulées dans leur convention de 1450 : « Faust assigne Gutenberg en justice « pour recouvrer la somme de 2020 florins d'or, pro- « venant de 800 florins qu'il avait avancés à Guten- « berg, selon la teneur du billet de leur conven-

« tion, ainsi que d'autres 800 florins qu'il avait « donnés à Gutenberg en sus de sa demande pour « achever l'ouvrage, et d'autres 36 florins dépensés « et des intérêts qu'il lui avait fallu payer, n'ayant « pas lui-même les fonds suffisants. »

Gutenberg soutint avec énergie qu'il n'avait pas tant reçu : « attendu que les premiers 800 florins « ne lui avaient point été payés selon la teneur du « billet, tous et à la fois ; qu'ils avaient été em- « ployés au préparatif du travail ; qu'il s'offrait à « rendre compte des derniers 800 florins ; qu'il ne « croyait pas être tenu de payer les intérêts ni « usure ; » mais il était homme de talent plus que de chiffres, et les comptes étaient faits par Faust. Les juges déférèrent le serment au capitaliste qui jura intrépidement, et l'inventeur fut condamné « à payer les intérêts, de même qu'autant du ca- « pital que le compte par lui rendu prouverait « qu'il en aurait employé à son profit particulier. »

Comme il n'était pas en mesure de payer la somme qu'un arrêt judiciaire rendait exigible sans délai, il se vit obligé non-seulement d'abandonner à son impitoyable créancier son imprimerie, avec tous les instruments de travail qu'elle contenait et qui lui avaient coûté tant de peine et d'argent, mais encore sa part de profits dans la vente des exemplaires de sa *Bible;* de sorte que, pour la seconde fois en sa vie malheureuse, il se vit chassé, ruiné, dépouillé par ses collaborateurs de sa propriété et de sa gloire, la plus pure de toutes les propriétés.

La *Bible* latine, sans date, que tous les bibliographes s'accordent à regarder comme celle de Gutenberg, est un grand in-folio, de six cent quarante et un feuillets, qu'on divise en deux ou trois, ou même quatre volumes. Elle est imprimée sur deux colonnes de quarante-deux lignes chacune dans les pages entières; seules les dix premières pages n'ont que quarante ou quarante et une lignes.

Les caractères sont gothiques, à peu près de la force de celui qui est connu sous le nom de *parangon;* les lettres sont si correctes, qu'elles annoncent plutôt la perfection de l'art que son commencement; les feuilles n'ont ni chiffres, ni signatures, ni réclames. Les sommaires sont écrits à la main en lettres rouges, et à chaque chapitre on a laissé une place vide, pour y faire peindre la première lettre en miniature, suivant l'usage du temps. Il y a des exemplaires sur vélin, d'autres sur papier. On peut estimer que cette *Bible* fut tirée à cent cinquante exemplaires, ce qui était un nombre considérable pour l'époque.

La Bibliothèque nationale en possède deux exemplaires, l'un sur vélin, qui fut acheté en 1788, et que l'on a divisé en quatre volumes : c'est un superbe exemplaire, magnifiquement relié. L'autre, sur papier, a été acquis en 1792 ; il est très-incomplet, mais ce qui le rend précieux c'est une souscription en lettres rouges, portant la date de 1456, faite à la plume par un enlumineur, qui était vicaire de l'église collégiale de Saint-Étienne de Mayence.

La *Bible* achevée, Gutenberg entreprit aussi le *Psautier,* ce chef-d'œuvre resté inimitable dans la typographie comme la Vénus de Milo dans la sculpture ; c'est le plus grand et le plus beau monument de l'imprimerie naissante, qui fera dans tous les siècles l'étonnement et l'admiration des connaisseurs. Mais, après sa condamnation, le matériel, resté entre les mains de Faust, permit à ce dernier de finir le *Psautier,* dont les derniers feuillets étaient sous presse et qui a demandé au moins deux années de travail ; il fut appelé le *Psautier* de Faust et de Scheffer, ainsi que toutes les éditions qui suivirent. Scheffer devint bientôt l'âme de l'atelier, quoique son nom ne figure qu'en second lieu dans les souscriptions; c'est à lui seul que revient l'honneur de l'exécution des publications faites au nom des deux associés.

IV.

Expulsé une dernière fois de sa patrie par la misère et le désespoir, Gutenberg quitta Mayence comme il avait quitté Strasbourg, et plus misérable encore, puisqu'il ne possédait plus cette force physique qui l'avait soutenu jadis pendant sa vie si agitée, si troublée par les travaux et le désappointement; il partit ainsi sans but, suivi de sa femme qui, malgré toutes ses vicissitudes, lui restait fidèle dans la mauvaise fortune et cherchait à verser dans son cœur un baume consolateur.

Il revint pourtant à Mayence finir ses jours, n'ayant plus d'autre refuge, et fut accueilli par le prince électeur, Adolphe II de Nassau, qui le reçut au nombre des gentilshommes de sa maison et lui fit une pension par charité. Il vécut ainsi obscur, délaissé et comme un mendiant, jusqu'au mois de février 1468, époque de sa mort; consolé de l'ingratitude des hommes par l'immensité du pouvoir que Dieu avait mis dans ses mains, prévoyant à sa dernière heure la transformation de mœurs et d'idées que son invention allait produire. Il fut enterré à Mayence, dans l'église des Récollets, et le patricien Gelthus lui fit cette épitaphe :

D. O. M. S.
JOANNI GENSFLEICH
ARTIS IMPRESSORI REPERTORIÆ
DE OMNI NATIONE
ET LINGUA OPTIME MERITO
IN NOMINIS SUI
MEMORIAM IMMORTALEM
ADAM GELTHUS POSUIT

A Jean Gensfleich,
inventeur de l'art de l'imprimerie,
qui a le mieux mérité de toute nation
et de toute langue,
Adam Gelthus fit cette inscription
en mémoire immortelle de son nom.

On a prétendu que Gutenberg passa ses dernières années dans la sérénité et la paix à imprimer de ses propres mains, et qu'il aurait même réussi à rétablir une imprimerie rivale de celle de Faust, avec l'aide de Conrad Humery, syndic de Mayence; mais les preuves manquent à ce sujet.

Gutenberg, à bout d'efforts et d'illusions, se devait à lui-même de ne pas tenter cette dernière épreuve, après avoir vu, comme presque tous les inventeurs, sa jeunesse consumée, son nom méconnu, et essuyé l'oubli de ses contemporains.

N'est-ce pas, du reste, la destinée d'un grand nombre d'hommes de génie, dont l'humanité cite les noms avec un légitime orgueil? Ils ne sont pas unis seulement par la communion des grandes pensées et des grands sentiments, par ces inspirations sublimes, émanées d'une source supérieure, qui leur donnent la puissance d'accomplir de grandes choses. Un autre lien existe encore entre eux: c'est la noble fraternité de l'infortune. Combien peu, en effet, ont pu remplir sans douleurs la mission qui leur était assignée sur la terre! Combien peu ont pu doter l'humanité de quelque invention nouvelle, sans que leurs contemporains leur fissent expier par des souffrances physiques ou morales la supériorité de leur génie!

Mais la postérité ne tarda pas à réparer cette injustice; le capitaliste et l'inventeur eurent chacun sa récompense : le premier eut la richesse et la considération pendant sa vie ; le second, la pauvreté, la misère même, mais après sa mort une gloire impérissable.

Une fois Gutenberg mort, Pierre Scheffer et Faust firent tous leurs efforts pour le faire oublier et substituer leurs noms au sien. Le fils de Pierre, Jean Scheffer, essaya à plusieurs reprises, en tête de ses éditions diverses, d'attribuer à son père et à son grand-père toute la gloire d'une invention qui étonnait l'Europe à cette époque. Tentatives inutiles ! Lui-même, Jean Scheffer, dans une dédicace à l'empereur Maximilien, en tête d'un Tite-Live traduit en allemand, a dû déclarer, contrairement à ses allégations ordinaires, que « c'est à Mayence « que l'art admirable de la typographie a été in- « venté par l'ingénieux Gutenberg, l'an 1450, et « postérieurement amélioré et propagé par les capi- « taux et les travaux de Jean Faust et de Pierre « Scheffer. »

On a beaucoup écrit sur Gutenberg et sur son invention. Il resterait encore bien des choses à éclaircir, et peut-être aujourd'hui serait-il difficile d'imaginer quelque nouvelle hypothèse. De nombreuses recherches et quelques découvertes récentes ne sont pas suffisantes pour dissiper tous les doutes.

Il est à croire qu'en s'éloignant de l'époque de l'invention de l'imprimerie, on ne rencontrera plus de monuments, inconnus jusqu'à présent, qui pourraient faire autorité.

Mayence a élevé une statue à Gutenberg, faite par le sculpteur suédois Thorwaldsen, qui l'a représenté debout, dans une attitude simple, tenant un livre. On le voit aussi sur le bas-relief, assis devant une table couverte de caractères ; Scheffer, son élève, reçoit de ses mains une matrice. L'inscription principale porte ces mots : « En l'an 1839, les habitants de Mayence ont érigé ce monument à Jean Gensfleich Gutenberg, leur compatriote, avec l'argent recueilli dans toute l'Europe. »

Une autre inscription peu modeste, il est vrai, ajoute : « Cet art, inconnu aux Grecs et aux Romains, l'esprit inventif d'un allemand l'a trouvé. Maintenant, grâce à lui, les travaux du génie des anciens et des modernes sont devenus l'héritage de tous les peuples. »

La statue de Gutenberg, inaugurée à Strasbourg, en 1840, sur la place du Marché-aux-Herbes, et que la gravure a souvent reproduite, est un chef-d'œuvre dû au ciseau de l'illustre David (d'Angers), qui a représenté le père de l'imprimerie, vêtu comme on l'était au quinzième siècle, debout, grave et pensif, il tient à la main une épreuve sur laquelle on lit ces paroles de la *Genèse :* « Et la lumière fut, » qui résument en termes aussi simples qu'énergiques, le rôle que devait jouer l'imprimerie dans l'histoire de l'humanité. Ainsi, il voulait que la première pensée sortie de ses presses fut tirée du livre par excellence, livre vénérable aux yeux des croyants, où plus d'une fois, sans doute, il était allé retremper son âme aux heures tourmentées de sa vie. Les bas-reliefs racontent l'histoire morale de l'imprimerie, et sa mission civilisatrice dans le monde.

Cette statue a encore été reproduite en bronze, et placée dans la cour d'honneur de l'imprimerie nationale, à Paris.

V.

Faust et Scheffer, unis par affection et par intérêts communs, conservèrent leur atelier. Il paraît que leur commerce de livres fut très-étendu et qu'il devint pour eux une source de richesses ; leurs commis fréquentaient les Universités, pour y vendre les livres qui sortaient de leurs presses; ils avaient aussi établi des magasins et des facteurs dans plusieurs villes. A Paris notamment, où Faust vint mettre en vente un grand nombre d'exemplaires de la *Bible,* dont il avait fait une autre édition, comme ils étaient sur parchemin avec les capitales bleue, pourpre et or, à la manière des anciens manuscrits, il en vendit quelques-uns à un prix exorbitant, d'autres à un prix infiniment inférieur. Il arriva que les premiers acheteurs comparèrent entre eux leurs exemplaires et s'aperçurent de leur ressemblance parfaite. Ils apprirent ensuite que Faust en avait encore vendu un grand nombre. L'ignorance superstitieuse de ce temps leur fit envisager cette reproduction extraordinaire de la pensée comme une œuvre de magie et de sortilége, et ils obtinrent un ordre de le poursuivre devant le Parlement. On ne sait pas précisément si Faust, pour se dérober à cette persécution, prit la fuite et s'en retourna finir ses jours à Mayence, ou s'il mourut de la peste, qui enleva plus de 40,000 personnes dans Paris.

L'art de l'imprimerie ne resta pas longtemps enfoui dans l'Allemagne. Adolphe de Nassau vint mettre le siége devant Mayence. La ville fut prise d'assaut, livrée au pillage, et presque entièrement détruite par le fer et le feu ; l'imprimerie fut fort endommagée et l'on pense que Scheffer disparut dans la tourmente. Alors les ouvriers se disséminèrent et allèrent chez différents peuples porter le secret du mécanisme typographique.

En France, on croit que Louis XI, sur la fin de 1461 ou au commencement de 1462, avait déjà dépêché à Mayence Nicolas Jenson, l'un des bons graveurs de la Monnaie de Tours, « pour s'informer « secrètement de la taille des poinçons et carac- « tères au moyen desquels se pouvaient multiplier « par impression les plus rares manuscrits, et pour « en enlever subtilement l'invention. » Jenson ne revint pas dans sa patrie pour la faire bénéficier de son voyage et de l'art auquel il était allé s'initier, dans la crainte des ennemis que cet art qu'il rapportait eût pu soulever contre lui ; il prit le chemin de l'Italie et alla s'établir à Venise, où il perfectionna la gravure des caractères ; trouvant les lettres gothiques trop pesantes, il inventa le caractère appelé *romain*. Les capitales latines lui servirent à composer les majuscules, puis, en combinant les formes presque identiques des lettres espagnoles, lombardes, saxonnes et françaises, il obtint la série des minuscules ou bas de casse de son nouvel alphabet.

Les livres imprimés, recherchés d'abord comme des curiosités, ne tardèrent pas à se multiplier, grâce à une foule d'imprimeries qui se formèrent promptement dans différentes contrées de l'Europe. Il est constant que Guillaume Fichet, recteur de l'Université, et son ami Jean de la Pierre, prieur de la maison de Sorbonne, eurent l'honneur de doter la France de l'art nouveau, en faisant venir de Mayence à Paris, vers la fin de 1469, trois imprimeurs, savoir : Ulrich Gering, Martin Krantz et Michel Friburger, qu'ils établirent dans la Sorbonne même, en ce lieu d'où devaient plus tard partir les foudres doctorales qui frappèrent la presse.

Le premier livre qu'ils imprimèrent à Paris est de 1470 : c'est le *Recueil des Épîtres de Gasparin de Bergame*. Il se compose de 11 cahiers de 10 feuillets et d'un dernier cahier de 8 feuillets, les feuillets ne sont pas paginés et portent 22 lignes par page ; le format est un petit in-quarto. La Bibliothèque nationale en possède un exemplaire qui provient de l'ancienne Bibliothèque de la Sorbonne.

Les trois typographes associés formèrent des élèves et bientôt on compta dans Paris plus de quarante imprimeurs; puis ils quittèrent la Sorbonne pour aller s'établir rue Saint-Jacques, à l'enseigne du *Soleil d'or*. Ils eurent, dans le commencement, pour ennemis les copistes qui gagnaient leur vie à transcrire les manuscrits en les altérant par leur ignorance, et qui présentèrent une requête au Parlement contre eux. Ce tribunal, aussi superstitieux que le peuple, qui prenait les imprimeurs pour des sorciers, fit saisir et confisquer tous leurs livres.

Louis XI, qui aimait passionnément les lettres et protégeait ceux qui les cultivaient, défendit au Parlement de connaître de cette affaire, l'évoqua à son conseil et fit rendre les livres aux imprimeurs; il leur accorda ensuite des lettres de naturalisation, par lesquelles ils n'étaient plus considérés comme aubains et les biens acquis par eux en France retourneraient à leurs familles. Krantz et Friburger se retirèrent bientôt de l'association. Gering, resté seul publia encore le *Missel de Paris;* mais, brisé par le travail, il mourut le 23 août 1510 au collége Montaigu, après avoir exercé l'imprimerie pendant quarante ans à Paris.

Son portrait fut mis dans la chapelle haute du collége, sous un arc surbaissé. C'était une vieille peinture représentant Gering sous des habits allemands. Au bas se trouvait cette inscription :

ULDERICUS GUERNICI
PROTOTYPOGRAPHUS PARISIUS
MCCCCLXIX.

Le collége Montaigu était situé en haut de la montagne Sainte-Geneviève, ce Parnasse du moyen âge ; c'est l'emplacement actuel de la bibliothèque Sainte-Geneviève, sous le péristyle de laquelle la ville de Paris a fait élever un buste à Gering, pour perpétuer le souvenir de son premier imprimeur.

Nous ne ferons pas l'historique des typographes qui se sont distingués dans le premier siècle de l'imprimerie, mais nous ne pouvons nous dispenser de parler dans cette notice des premiers martyrs de l'industrie typographique. Les rapports de la royauté et de l'imprimerie, deux puissances qui devaient plus tard marcher d'égal à égal et engager de si longues luttes, dans lesquelles la royauté succomba plusieurs fois, commencèrent par la bienveillance et le plus parfait accord, mais cette mansuétude cessa lorsque les grands s'aperçurent que l'imprimerie était une épée au service du droit, qui allait les frapper dans leurs intérêts.

Le vertueux Tyndale, premier traducteur de la Bible en anglais, qui joignait à une vaste érudition une piété touchante et la plus grande modération, fut, à l'instigation de Henri VIII, étranglé et brûlé le 2 septembre 1536.

Sous François Ier, si dérisoirement appelé le Père ou Restaurateur des lettres, le 3 août 1546, par décision de la Faculté de théologie de Paris, le sympathique ami de Rabelais, Étienne Dolet, imprimeur de Lyon, de plus, érudit profond et poëte ingénieux, fut brûlé vif avec ses livres, en la place Maubert, à Paris, sur la dénonciation d'Antoine de Mouchi ou Démocharès, docteur en Sorbonne, premier type des mouchards, qui lui doivent, dit-on, leur nom. « Dans le cas, portait « l'arrêt, où ledit Dolet fera aucun scandale ou dira « aucun blasphème, la langue lui sera coupée, et il « sera brûlé vif. »

Trois ans auparavant il avait été déjà condamné à mort ; sur le point d'être conduit au supplice, il fut sauvé par une sublime inspiration de l'évêque de Tulle, Pierre Châtel, qui, la main sur l'Évangile et les yeux fixés sur le condamné, avait récité la parabole de la brebis égarée et provoqué ainsi la clémence de ses juges. Pressentant sans doute sa fin tragique, il avait mis pour emblème en tête de ses livres une main sortant d'un nuage et fendant avec une hache un tronc d'arbre. Au-dessous, se trouvait cette prière : *Préservez-moy, ô Seigneur! de la calomnie des hommes;* la calomnie frappa Dolet, comme la main mystérieuse de sa devise frappe le tronc d'arbre.

Le seul chef d'accusation relevé contre lui fut le dialogue de Platon, dans l'*Axiochus,* qui disait : *Après la mort tu ne seras plus rien du tout.* Dans la préface de ce livre qui l'envoyait au bûcher, le pauvre imprimeur formulait ainsi son projet d'émanciper la pensée par la presse, en appelant à la science *ceulx de sa nation :*

> C'est assez vescu en ténèbres!
> Acquérir fault l'intelligence
> Des bons autheurs les plus célèbres,
> Qui soyent en tout art et science.

François Ier frappa l'imprimerie d'interdiction et les imprimeurs furent déclarés justiciables de la potence; c'était sa manière de protéger les lettres. Des chroniqueurs naïfs, ou qui ont voulu réhabiliter ce prince aux yeux de la postérité, racontent qu'un jour le roi alla visiter l'atelier d'Estienne, chef de cette grande famille laborieuse et savante, qui est à la France ce que les Alde sont à l'Italie, et dont la demeure était située rue Saint-Jean-de-Beauvais, le roi resta debout pendant que l'illustre imprimeur corrigeait une épreuve; afin, dit-il, de prouver son respect pour la science. Ce fait est en contradiction avec les actes de ce prince aveugle qui tenta de supprimer l'imprimerie dans son royaume.

Ses successeurs se montrèrent fidèles à cette tradition de persécution ; nous trouvons en effet sous Charles IX des lettres patentes par lesquelles il était défendu aux imprimeurs d'imprimer aucun livre sans permission, « sous peine d'estre pendus et étranglez. » Plusieurs années après, on vit poindre quelques sentiments d'indulgence. Avant d'être punis, les imprimeurs étaient prévenus et simplement admonestés : « Remontrances à des imprimeurs en faute mandés par la Cour, et injonctions à eux présens d'observer les arretz ci-devant donnez, sur peine de la vie. » A quoi a servi cette résistance aussi opiniâtre qu'impuissante des rois, prolongée inutilement pendant plusieurs siècles, avec l'aide de la censure inventée par Tibère. Une fois la lumière faite, comment arriver à l'éteindre ?

Voici un exemple de la façon dont la justice s'exécutait alors, et des procédés expéditifs des agents du pouvoir qui envoyaient sommairement au bûcher les auteurs, imprimeurs et autres personnes qui prenaient parti pour eux. « Le Parlement faisait de grandes perquisitions à l'encontre de ceux qui imprimaient ou exposaient en vente les écrits que l'on semait contre les Guise. En quoi quelques jours se passèrent si accortement, qu'ils surent enfin qui avait imprimé un certain livret fort aigre intitulé *le Tygre*. Un conseiller nommé Du Lyon en eut la charge, qu'il accepta fort volontiers, par la promesse d'un état de président au parlement de Bordeaux, duquel il pourrait tirer deniers, si bon lui semblait.

« Ayant donc mis gens après, fut trouvé l'imprimeur, nommé Martin l'Hommet, qui en était saisi. Enquis sur celui qui le lui avait baillé, il répond que c'est un homme inconnu, et finalement en accuse plusieurs de l'avoir vu et lu, contre lesquels poursuites furent faites : mais ils le gagnèrent au pied. Ainsi qu'on menait pendre cet imprimeur, il se trouva un marchand de Rouen moyennement riche et de bonne apparence, lequel voyant le peuple de Paris être fort animé contre ce patient, dit seulement aux assistants :

— « Eh quoi ! mes amis, ne suffit-il pas qu'il meure ? Laissez faire le bourreau. Le voulez-vous d'avantage tourmenter que la sentence ne porte ? Or ne savait-il pourquoi on le faisait mourir, et descendait incontinent de cheval à une hôtellerie prochaine. A cette parole quelques prêtres s'attachent à lui, l'appellent huguenot et compagnon de cet homme, et ne fut cette question plutôt faite que le peuple se jette sur lui, le bat outrageusement et lui vole sa mallette.

« Sur ce bruit, ceux qu'on nomme la justice approchent, et pour le rafraîchir le mènent prisonnier en la conciergerie du Palais, où il ne fut pas plutôt arrivé que Du Lyon l'interroge sommairement sur le fait du *Tygre* et des propos tenus par lui au peuple.

Le pauvre marchand jure ne savoir ce que c'est, n'avoir jamais vu l'imprimeur, ni ouï parler de messieurs de Guise : dit qu'il est marchand, qu'il se mêle seulement de ses affaires. Et quant aux propos par lui tenus, ils n'avaient dû offenser aucun, car ému de pitié et de compassion de voir mener au supplice un homme (lequel toutefois il ne connaissait et n'avait jamais vu), et voyant que le peuple le voulait ôter des mains du bourreau pour le faire mourir plus cruellement, il avait seulement dit qu'on laissât faire au bourreau sa besogne, et que là dessus il avait été injurié par des gens de robe longue, pillé, volé et outragé par le peuple, et mené prisonnier ignominieusement sans avoir jamais méfait ni médit à aucun, requérant à cette fin qu'on enquit de sa vie et conversation, qu'il se soumettait au jugement de tout un chacun.

« Du Lyon, sans autre forme et figure de procès, fait son rapport à la Cour et aux délégués, par icelle, qui le condamnent à être pendu et étranglé en la place Maubert, et au lieu même où avait été accroché l'imprimeur. Quelques jours après, Du Lyon, se trouvant à souper en quelque grande compagnie, se mit à plaisanter de ce pauvre marchand. On lui remontra l'iniquité du jugement par ses propos mêmes.

« Que voulez-vous? répondit-il, il fallait bien contenter monsieur le cardinal de quelque chose, puisque nous n'avons pu pendre l'auteur : autrement il ne nous eût jamais donné de relâche. »

D'après Charles Nodier, Martin l'Hommet n'a

même pas été l'imprimeur du *Tygre,* qui a dû être imprimé à Strasbourg ou à Bâle, par Jacques Estange. Deux innocents ont donc été ainsi sacrifiés froidement par le conseiller Du Lyon, qui ne savait sur qui faire tomber justement la vengeance du cardinal de Lorraine.

Mais laissons là ces infamies, car il nous faudrait rapporter bien d'autres arrêts. Quatre cents ans se sont écoulés depuis que l'imprimerie persécutée, faible et chancelante d'abord, aujourd'hui grande, forte et impérissable, est venue assurer à jamais l'avenir de la civilisation, garantir le monde contre le retour de l'ignorance et de la barbarie, résoudre le problème social, se charger, comme d'un dépôt sacré, de toutes les connaissances acquises, pour transmettre ce riche trésor de génération en génération et de siècle en siècle, afin que toutes les créations du génie humain deviennent pour l'humanité entière un nouvel élément de force et de progrès.

Prix : 35 centimes.

www.ingramcontent.com/pod-product-compliance
Ingram Content Group UK Ltd.
Pitfield, Milton Keynes, MK11 3LW, UK
UKHW022129170726
13837UKWH00003B/1457